Dem Fröhlichen schlägt keine Stunde

Geschichten und Gedanken zum Geburtstag

Dem Fröhlichen schlägt keine Stunde

benno

Bibliografische Information der Deutschen Nationalbibliothek
Die Deutsche Nationalbibliothek verzeichnet diese Publikation in
der Deutschen Nationalbibliografie; detaillierte bibliografische
Daten sind im Internet unter http://dnb.d-nb.de abrufbar.

Gern informieren wir Sie unverbindlich und aktuell
auch in unserem Newsletter zum Verlagsprogramm,
zu Neuerscheinungen und Aktionen.
Einfach anmelden unter www.vivat.de.

Bitte besuchen Sie uns im Internet:
www. st-benno.de

ISBN 978-3-7462-6324-3

© St. Benno Verlag GmbH, Leipzig
Zusammenstellung: Volker Bauch, Gößnitz
Umschlaggestaltung: Grit Fiedler Visulabor GbR, Berlin/Leipzig
Gesamtherstellung: Kontext, Dresden (C)

Inhalt

*W*enn sich nicht nur
die Zimmer füllen –

*G*eschenke und Gratulanten
geben ihr Bestes

Zum Geburtstag

Der Juni kam. Lind weht die Luft.
Geschoren ist der Rasen.
Ein wonnevoller Rosenduft
dringt tief in alle Nasen.

Manch angenehmes Vögelein
sitzt flötend auf den Bäumen,
indes die Jungen, zart und klein,
im warmen Neste träumen.

Flugs kommt denn auch dahergerennt,
schon früh im Morgentaue,
mit seinem alten Instrument
der Musikant, der graue.

Im Juni, wie er das gewohnt,
besucht er einen Garten,
um der Signora, die da thront,
mit Tönen aufzuwarten.

Er räuspert sich, er macht sich lang,
er singt und streicht die Fiedel,
er singt, was er schon öfter sang;
du kennst das alte Liedel.

Und wenn du gut geschlafen hast
und lächelst hold hernieder,
dann kommt der Kerl, ich fürchte fast,
zum nächsten Juni wieder.

WILHELM BUSCH

Geburtstagsgruß

Ach wie schön, dass du geboren bist!
Gratuliere uns, dass wir dich haben,
dass wir deines Herzens gute Gaben
oft genießen dürfen ohne List.

Deine Mängel, deine Fehler sind
gegen das gewogen harmlos klein.
Heute, nach vierzig Jahren, wirst du sein:
immer noch ein Geburtstagskind.

Möchtest du: nie lange traurig oder krank
sein. Und: wenig Hässliches erfahren. –
Deinen Eltern sagen wir unseren fröhlichen
    Dank
dafür, dass sie dich gebaren.

Gott bewinke dir
alle deine Schritte;
ja, das wünschen wir,
deine Freunde und darunter (bitte)

DEIN JOACHIM RINGELNATZ

Das bescheidene Wünschlein

Damals, ganz zuerst am Anfang,
wenn ich hätte sagen sollen,
was, im Fall ich wünschen dürfte,
ich mir würde wünschen wollen,
wär ich vor zu großem Reichtum
in Verlegenheit geraten,
schwankend zwischen Bilderbüchern,
Farbenschachteln, Bleisoldaten.

Später wurde mein Gelüste
kühner, deutlicher und kürzer:
Einen stolzen Namen wollt ich,
sei's als Held und Weltumstürzer,

sei's als ruhmbekränzter Freiherr
in dem Paradies der Künste,
wo die Wunderbäume blühen
und der schönen Frauen Günste.

Heute, wenn die müde Hoffnung
wieder sich zum Wunsch bequemte,
wünscht ich bloß ein kindisch Wünschlein,
dessen der Verstand sich schämte:
Möchte wissen, wie die Glocke,
die mich in den Schlaf gewöhnte,
damals, ganz zuerst am Anfang,
möchte wissen, wie sie tönte.

CARL SPITTELER

Geburtstagswunsch

Bin ich auch noch viel zu klein,
komme ich doch hier herein,
dass ich an dem Feiertag
Großmama begrüßen mag.
Als ein dummer kleiner Wutz
bin ich sonst zu gar nichts nutz.

OTTILIE WILDERMUTH

Schwierigkeiten
des Schenkens

Wer Schenken für eine leichte Sache hält, der irrt. Schenken birgt ein Höchstmaß an Schwierigkeiten in sich, wenn es sich wirklich um wohlüberlegtes Zuteilen handeln soll, nicht um Verschleudern aus Zufall und Laune. Den einen verpflichte ich mir, einem anderen entgelte ich, dem helfe ich aus, mit einem anderen habe ich Mitleid, einen, der nicht verdient, von der Armut gepackt und von ihr festgehalten zu werden, unterstützte ich. Einigen freilich werde ich, auch wenn sie Mangel leiden, nichts geben; denn ihr Mangel ist durch Spenden nicht zu beheben. Einigen werde ich Unterstützung anbieten, einigen sogar geradezu aufdrängen.

Ich bringe es einfach nicht über mich, in dieser Sache nachlässig zu sein. Beim Schenken achte ich besonders auf die Namen. „Warum", fragst du, „schenkst du etwa in Erwartung von Gegengaben?" Nein, aber reine Verlustgeschäfte sind nicht meine Sache. Eine Schenkung soll man nicht wiedergeben müssen, wohl aber erstatten können. Eine Wohltat soll eine Anlage sein, die einem tief vergrabenen Schatz ähnelt, den man ohne Not nicht ausgräbt. Schließlich bietet doch auch der Haushalt eines reichen Mannes viele Möglichkeiten zu helfen. Denn wer wird seine Freigiebigkeit auf die Vollbürger beschränken wollen? Es ist für mich ein Gebot der Natur, meinen Mitmenschen zu helfen. Wo immer du Menschen triffst, hast du Gelegenheit, hilfreich zu sein. Geld kann demnach auch im privaten Bereich ausgeteilt werden und Freigiebigkeit fördern, die ihren Namen nicht von einer Verpflichtung gegen Freigeborene herleitet, sondern von ihrem Ursprung aus einer freien Gesinnung. Weder wird sich die Freigiebigkeit des Weisen jemals einem Schurken oder Unwürdigen aufdrängen, noch wird sie sich auf Irrwegen so müde laufen, dass sie nicht jederzeit aus dem Vollen schöpfen könnte, sobald sie einem Würdigen begegnet.

SENECA

Dank für einen allerhäzlichsten Glückwunsch

(an Rudolf Leonhard)

Geliebter Beuh,

ich danke dir schön für deinen allerhäzlichsten Glückwunsch allerhäzlichst, und ich wünsche nur eines: dass es Ihrer Maschinerie wieder gut gehen möge. Denn es ist manmal im Lehm nicht leicht. Das sage ich dir. Krümel im Bett ... ja, das ist ein Rätsel Vielleucht fallen sie mir aus dem Gesässe. Dortselbst sind welche. Bei Dir sucht? Dann geh schnell zum Achzt. Schicke die Komödie. Beiße mich aber nicht, wenn ich das nicht so weiß – ich habe hier wieder am Klever gesehn, was alles zu einem Theatermann gehört –, der Ist Ja elner, wle mlr schelnt. Ich aber weiß es mitnichten, ob ich einer sey.

Daher haben wir auch die Gomödje von dem. Golunibuss fertig gemacht, und nun werden wir ja sehn. Er, der andere Verrückte, ahn übermorgen ab. Er war weitaus verrückter als ich, hat sich aber viel verständiger benommen. Er ist wirklich ein netter und anständiger Mann, ich habe ihn sehr gern. Und hat ehm Humor, Mensch, des n so selten. Die andern nehmen sich alle so ernst. Aber, hat neulich der Gubener Anzeiger oder so etwas geschrieben: Mehring und Ringelnatz und Kästener und Tucholsky … sie nehmen sich selber nicht ernst, „haben also nicht den Anspruch, ernst genommen zu werden". Und in dieser Sprache hat Lichtenberg geschrieben! Nein, er hat natür-lich in einer ganz andern Sprache geschrieben. Wegen der Weinkiste, das wird woll im Februar steigen – im Januar habe ich für diese welschen Torheiten kein Göld.

Heil! Damit Du es schon weißest: Ich schicke Dir Probiergeld, und dann suchst Du: 50 Flaschen eines guten, nicht au schweren Bur-

gunders, den man als Tischwein trinken kann, milde, ohne Säure, keine große Sache, aber auch keinen offnen, gepanschten. 20 Flaschen Burgunder, also das musss einer sein, der Papa und Mama sagen kann. (Beides.) Davon saufst Du, bis Du umfällst, und dann schicke ich einen Tschekk. Und dann schickt ihr ab.
Dies wünscht Dir Dein hochgeehrter
Amadeus Magensaft Geometer

KURT TUCHOLSKY

Wunsch

Ich wünsche, dass dein Glück dich jeden Tag
    erneue,
dass eine gute Tat dich jede Stund' erfreue!
Und wenn nicht eine Tat, so doch ein gutes Wort,
das selbst im Guten wirkt zu guten Taten fort.
Und wenn kein Wort, doch ein Gedanke gut
    und wahr,
der dir die Seele mach' und rings die Schöpfung
    klar.

Nichts anders kann erfreun den Menschen und
    erheben,
wie diese Zeugnisse von eignem höherm Leben.
Und was das Glück von Lohn ihm zu von außen
    spült,
erfreut ihn nur, wenn er sich dessen würdig fühlt.

FRIEDRICH RÜCKERT

Der Gratulant

Guten Morgen sollt ich sagen
und ein schönes Kompliment,
und die Mutter ließ auch fragen,
wie Onkel sich befänd!
Und der Strauß wär aus dem Garten,
wenn du etwa danach fragst.
An der Türe sollt ich warten,
ob du mir auch etwas sagst.
Und hübsch grüßen sollt ich jeden
und ganz still sein, wenn man spricht,
und recht deutlich sollt ich reden,
aber schreien sollt ich nicht.
Wenn mir eins was geben wollte,
sollt ich sagen: Danke schön! –

Aber unaufhörlich sollte
ich nicht nach der Torte sehn.
Und hübsch langsam sollt ich essen,
stopfen wär hier nicht der Brauch,
und (bald hätt' ich es vergessen) –
gratulieren sollt ich auch.

JULIUS LOHMEYER

An die Gratulanten

Man wird älter. Es ergibt sich,
kürzlich sechzig. Diesmal siebzig.
Kurzes Zögern, und man macht sich
auf den Weg in Richtung achtzig …

Wünsche, wirklich waschkorbweise,
trafen ein aus West und Ost.
Und die Männer von der Post
hatten's schwer und seufzten leise.

Auf den Sofas, Stühlen, Bänken
liegen Berge von Geschenken.
Für mich selbst, im Bunterlei,
blieb grad' noch ein Stehplatz frei.

Herzlich grüß ich die Bekannten
samt den fremden Gratulanten.
Bin gerührt und trotzdem heiter.
Danke sehr. Und mache weiter.

ERICH KÄSTNER

Endlich Geburtstag

Geburtstage sind Tage,
an denen man sich entscheidet,
endlich alles zu machen,
was man schon lange machen wollte –
um dann zuletzt alles wieder
auf das kommende Jahr zu verschieben.

ANONYM

Was soll ich
meiner Tante schenken?

Ich sitze da in tiefem Denken
und sinne her und sinne hin –
„Was soll ich meiner Tante schenken?"
Das geht mir immer durch den Sinn.

Was wünscht sie sich? Wär' ihr am Ende
erwünscht ein grüner Papagei?
Ein Makartbild als Zier der Wände?
Ein Gummibaum? Ein Straußenei?

Wär' ihr gedient mit einer Brille?
Mit einem Kopf des wilden Schweins?
Wünscht sie vielleicht sich in der Stille
ein Oxhoft alten Brannteweins ?

Soll ich Schlittschuhe für sie wählen? –
Die Tante ist doch ziemlich flink! –

Wie? Oder ist mehr zu empfehlen
was Plastisches, gemacht aus Zink?

Würd' ein Aquarium ihr gefallen?
Würd sie ein Deckelglas erfreun?
Ach, unter diesen Dingen allen
scheint keins das richtge mir zu sein.

Ich sitze da in tiefem Denken
und schaue sinnend in das Glas. –
Ei was! Ich will ihr gar nichts schenken!
Vielleicht schenkt mir die Tante was.

JOHANNES TROJAN

Lied am Geburtstage

Dir dank ich heute für mein Leben;
am Tage, da du mirs gegeben,
dank ich dir, Gott, dafür.
Durch freie Gnad allein bewogen
hast du mich aus dem Nichts gezogen;
durch deine Güte bin ich hier.

Du hast mich wunderbar bereitet,
an deiner Rechten mich geleitet
bis diesen Augenblick.
Du gabst mir tausend frohe Tage,
verwandeltest selbst meine Klage
und meine Leiden in mein Glück.

Ich bin der Treue zu geringe,
mit der du, Herrscher aller Dinge,
stets über mich gewacht.

O Gott, damit ich glücklich werde,
hast du an mich, mich Staub und Erde,
von Ewigkeit her schon gedacht!

Du sahst und hörtest schon mein Sehnen
und zähltest alle meine Tränen,
eh ich bereitet war;
und wogst, eh ich zu sein begonnte,
eh ich zu dir noch rufen konnte,
mir mein bescheiden Teil schon dar.

Du ließt mich Gnade vor dir finden;
und sahst doch alle meine Sünden
vorher von Ewigkeit.
O welche Liebe, welch Erbarmen!
Der Herr der Welt sorgt für mich Armen
und ist ein Vater, der verzeiht.

Für alle Wunder deiner Treue,
für alles, dessen ich mich freue,
lobsinget dir mein Geist.

Er selber ist dein größt Geschenke;
dein ists, dass ich durch ihn dich denke,
und dein, dass er dich heute preist.

Dass du mein Leben mir gefristet,
mit Stärk und Kraft mich ausgerüstet,
dies, Vater, dank ich dir;
dass du mich wunderbar geführet,
mit deinem Geiste mich regieret,
dies alles, Vater, dank ich dir.

Soll ich, o Gott, noch länger leben:
So wirst du, was mir gut ist, geben;
du gibst, ich hoff auf dich.
Dir, Gott, befehl ich Leib und Seele.
Der Herr, dem ich sie befehle,
der segne und behüte mich!

CHRISTIAN FÜRCHTEGOTT GELLERT

Der Geburtstagsengel

eute ist Helges Geburtstag. Mutter ist in Kur und der Vater hat dieses besondere Datum anscheinend vergessen.

Aber Helge selber hat es nicht vergessen. Heute ist sein Geburtstag. Wer vergisst denn schon seinen eigenen Geburtstag! Helge wird elf Jahre alt heute.

Ein Tag wie jeder im Moment. Mutti ist in Kur, einfach fort. Vati ist im Aufbruch. Vati muss in die Firma, Autobleche schweißen. Vati hat Frühschicht. Er steht an Helges Bett, in Jacke und so weiter, und schüttelt ihn wach. „He, Kleiner, aufwachen!", ruft er. „Und benimm dich!" Dann ist er weg.

Helge trödelt beim Anziehen. Vielleicht, so sagt eine kleine Hoffnung in ihm drin, vielleicht liegt ja ein Geschenk für ihn auf dem Küchentisch, ein einziges nur. Von Vati. Damit

Helge sieht, dass sein Geburtstag nicht vergessen ist.

Aber natürlich liegt nichts auf dem Küchentisch. Nichts außer dem Frühstücksbrettchen, einer Brotscheibe, Margarine, Marmelade. Helge stopft die Brotscheibe in sich hinein, räumt die Margarine und die Marmelade weg. Nimmt den Ranzen, die Jacke, geht zur Schule. Natürlich kommt er zu spät, wie immer im Moment. Frau Wendelmann schreibt seinen Namen auf. Sie schiebt die Brille hoch und guckt ihn streng an.

„Helge Ohnrich", sagt sie ernst, „wenn du noch einmal zu spät kommst, werde ich einen Brief an deine Eltern schreiben."

Schöner Geburtstag! In der Grundschule, bei Frau Schönborn, da haben sie immer ein Lied für jedes Geburtstagskind gesungen. Und es wurde Kuchen ausgeteilt. Na ja, eigentlich ganz gut, dass das nun nicht mehr so ist. Helge ist sich sicher, dass Vati es für überflüssig halten würde, Kuchen mit in die Schule zu nehmen.

Überhaupt geht der Schultag so weiter, wie er

angefangen hat. In Englisch weiß Helge den Unterschied zwischen „simple past" und „past perfect" nicht. In Mathe bekommt er Ärger, weil sein Sitznachbar ihn nach einem Bleistift fragt. In der Pause stellt er fest, dass er vergessen hat, ein Butterbrot einzustecken. In Kunst fällt ihm sein Wasserbecher um, die schmierige Brühe läuft über sein Bild und er muss noch einmal von vorne anfangen. So ein blöder Geburtstag! Geburtstage gehören verboten!

Nach der Schule trödelt Helge noch durch das Kaufhaus. Vati wird sowieso erst später nach Hause kommen. Helge hat den Haustürschlüssel in seiner Hosentasche.

Der Junge steht vor dem Regal mit den Süßigkeiten. Eine Tafel Schokolade hätte er schon gerne.

Oder diesen Kaugummi, den man als Band aus der Packung herausziehen kann. Oder zur Not auch eine Tüte Gummibärchen. Helge fingert in seiner Hosentasche herum. Er hat kein Geld dabei.

Helge überlegt. Es sind so wenige Leute hier. Keiner würde sehen, wenn er sich einfach etwas nähme. In die Hosentasche steckte. Als Geburtstagsgeschenk sozusagen.

Helge kneift trotzig die Lippen zusammen. Eigentlich ist es sein gutes Recht, sich etwas zu nehmen. Alle haben seinen Geburtstag vergessen, alle. Nichts hat er bekommen. Da wird er sich doch wohl selber noch ein kleines Geschenk machen dürfen!

Helge sieht sich vorsichtig um. Und da erst bemerkt er die alte Frau, die ziemlich in seiner Nähe steht. Sie beobachtet ihn wahrscheinlich schon seit Längerem. Ihre Blicke treffen sich. Helge blickt zu Boden.

Die alte Frau kommt einen Schritt näher. Sie hat ganz weißes Haar. „Was machst du?", fragt sie.

Helge bekommt plötzlich Angst. Hat sie gemerkt, dass er klauen wollte? „Nichts", sagt er. Die Frau sieht ihn an, als könne sie in ihn hineinschauen.

Da sagt Helge: „Ich habe heute Geburtstag." Er hat es gar nicht sagen wollen. Es ist ihm einfach so herausgerutscht.

Die alte Frau nickt langsam. Sie sieht aus, als würde sie nachdenken. Dann nimmt sie mit einem Mal ihre Handtasche hoch. An deren Reißverschluss hängt ein kleiner Anhänger. Ein Engel. Die Frau macht den Engel von der Handtasche ab. Sie lächelt. Sie drückt ihn Helge in die Hand. „Herzlichen Glückwunsch zum Geburtstag", sagt sie.

Helge starrt auf den Engel. Er guckt nach der Frau, aber die ist schon verschwunden.

Der Engel sieht Helge an. Er ist klein und aus Metall, aber er sieht Helge an. Da geht Helge weg vom Süßwarenregal. Er verlässt das Kaufhaus. Er geht zur Bushaltestelle. Er fährt nach Hause. In seiner Hand hat er den Engel. Seinen Geburtstagsengel. Engel sind Boten Gottes. „Bitte", murmelt Helge. „Bitte."

Aber zu Hause ist alles ruhig. Kein Vati. Auf dem Küchentisch liegt ein Zettel: „Bin noch einmal weg. Komme gleich wieder. Mach keinen Unfug. Vati."

Helge schluckt. Dann greift er in seine Tasche. Nach dem Geburtstagsengel. „Bitte", fleht er und er weiß gar nicht so genau, an wen er sich da eigentlich wendet.

Da hört er, wie die Tür geht. Leise Stimmen sind im Flur zu vernehmen. Helge stürzt aus der Küche.

Da steht Mutti. Mutti und Vati stehen da. Und Mutti breitet die Arme aus .

„Herzlichen Glückwunsch zum Geburtstag, mein großer Schatz!" Helge wirft sich in Muttis Arme. Vati lacht und holt das Geschenk aus dem Schlafzimmer.

Erst etwas später, als alle sich beruhigt haben und Helge ausgepackt hat, da greift er plötzlich in seine Hosentasche. Darin steckt ein Engel, ein kleiner aus Metall.

„Danke, Gott", murmelt Helge.

INKEN WEIAND

Zu einem Geschenk

Ich wollte dir was dezidieren,
nein schenken; was nicht zu viel kostet.
Aber was aus Blech ist, rostet,
und die Messinggegenstände oxydieren.
Und was kosten soll es eben doch.
Denn aus Mühe mach ich extra noch
was hinzu, auch kleine Witze.
Wär bei dem, was ich besitze,
etwas Altertümliches dabei –
doch was nützt dir eine Lanzenspitze!
An dem Bierkrug sind die beiden
Löwenköpfe schon entzwei.
Und den Buddha mag ich selber leiden.
Und du sammelst keine Schmetterlinge,
die mein Freund aus China mitgebracht.
Nein - das Sofa und so große Dinge
kommen überhaupt nicht in Betracht.
Außerdem gehören sie nicht mir.

Ach, ich hab die ganze letzte Nacht
rumgegrübelt, was ich dir
geben könnte. Schlief deshalb nur eine,
allerhöchstens zwei von sieben Stunden,
und zum Schluss hab ich doch nur dies kleine,
lumpige verschlissne Ding gefunden.
Aber gern hab' ich für dich gewacht.
Was ich nicht vermochte, tu du's: Drücke du
nun ein Auge zu
und bedenke,
dass ich dir fünf Stunden Wache schenke.
Lass mich auch in Zukunft nicht in Ruh.

JOACHIM RINGELNATZ

Feste feiern und warten,
was da kommt –

Leib- und Seelenspeisen
bestens zubereitet

So ein Tag

Heut träume ich mir –
ich träum, was ich mag.
Heut träume ich mir einen schönen Tag.
Schau auf, sieh,
welch ein Gewimmel!
Briefe flattern vom Himmel:
Briefe für mich, dich, alle Leut.
In jedem steht was,
was den, der's liest, freut.
So ein Tag, so ein Tag, so ein Tag ist heut.

JOSEF GUGGENMOS

Die Torte

Ein Mensch kriegt eine schöne Torte.
Drauf stehn in Zuckerguss die Worte:
„Zum heutigen Geburtstag Glück!"
Der Mensch isst selber nicht ein Stück,
doch muss er in gewaltigen Keilen
das Wunderwerk ringsum verteilen.
Das „Glück", das „heu", der „tag" verschwindet,
und als er nachts die Torte findet,
da ist der Text nur mehr ganz kurz.
Er lautet nämlich nur noch: „burts".
Der Mensch, zur Freude jäh entschlossen,
hat diesen Rest vergnügt genossen.

EUGEN ROTH

Angenehme Gäste

Die Tage mit den Gästen waren angenehm.
Wir haben uns, wie man so sagt, verstanden.
Und gut, dass sie Gewitter lustig fanden.
So war das Wetter weiter kein Problem.

Wir blieben in den Nächten lange wach,
doch nicht zu wach, um nicht auch zu ermüden.
Und wir erwachten nicht zu unzufrieden:
Wir lagen, aber dachten nicht zu flach.

Sie sind gefahren, weil man einmal fährt.
Sie hinterließen nichts, die netten Gäste.
Kein großes Loch, noch irgendwelche Reste.
Und das ist immerhin schon sehr viel wert.

WERNER SCHNEYDER

Trotzdem feiern

*W*arum sollte man einen runden Geburtstag eigentlich nicht feiern? Ich gab die Frage an Freunde und Verwandte weiter, an Mitreisende und Zufallsbekannte, stellte sie in der Schlange vor der Kasse im Supermarkt und im Wartezimmer beim Arzt. Kaum jemand, der nichts dazu zu sagen hatte. Viele Geschichten wiesen erstaunliche Ähnlichkeiten auf, sodass man manchmal glauben konnte, die Protagonisten aus der einen würden auch in der nächsten einen Auftritt absolvieren. Neben Kindern aller Altersstufen spielten häufig Haustiere eine tragende Rolle, vor allem Hunde, dicht gefolgt von Katzen. Manche der persönlichen Erinnerungen schienen mir allerdings auch angereichert mit Szenen aus Filmen oder Büchern mit Slapstick-Charakter, und bisweilen war es schwierig, wenn nicht gar unmöglich, die Ereignisse chronologisch zu ordnen, was den Erzählungen einen zusätzlichen Reiz verlieh. Es machte Spaß zuzuhören, vor allem aber schien jede Geschichte bei den Zuhörerinnen und Zuhörern eine Reihe eigener Geschichten wachzurufen Die meisten lagen lange zurück, aber der Unterhaltungswert größerer oder kleinerer Beinahekatastrophen steigt ja bekanntlich mit der seither vergangenen Zeit. Auch jener Verwandte, dem man bei Hochzeiten, Geburtstagen, Begräbnissen und sonstigen Zusammenkünften immer tunlichst ausgewichen war, wird irgendwann in der Erinnerung zu einem Charakter und damit zu einem konstituierenden Mitglied der Familie. Und ebendieser Verwandte war es dann häufig, der das totale Chaos bei einer ansonsten zivilisierten Geburtstagsfeier ausgelöst hatte, nicht selten unter Alkoholeinfluss, in besonders perfiden Fällen mittels einer anscheinend völlig unschuldig gestellten Frage. Ich habe nicht versucht, die Anekdoten in ein säuberliches Schema zu zwängen, sie würden platt gedrückt und farblos zurückbleiben. Hübsch und irgendwie tröstlich finde ich jedoch, dass gerade die kleinen Niederlagen in der Vergangenheit zum Grundstock werden können für den privaten Mythos einer Familie, der darauf sogar oft besser gedeiht als auf den Triumphen. Und im Rückblick sind diese verunglückten Geburtstagsfeiern gerade die Erinnerungen, die man sich am liebsten ins Bewusstsein ruft. Sollte man also doch runde Geburtstage feiern? Gerade weil sie wie jedes lange geplante Ereignis bereits den Keim des Misserfolgs in sich tragen? Vielleicht müssten wir überhaupt viel mehr feiern, Gelegenheiten wahrnehmen für kleinere und größere Feste. Feiern, dass die Sonne scheint oder es endlich regnet, feiern, dass jemand einen klugen Satz gesagt oder ein Freund angerufen hat, dass die Zwiebeln nicht angebrannt sind ... oder dass man zu der nutzlosen Erkenntnis gekommen ist, dass Enkel und Onkel sich nur durch einen einzigen Buchstaben unterscheiden. „ Komm bloß nicht auf die Idee, mir ein Geburtstagsfest auszurichten", wehrte einer meiner Söhne ab, als ich das Thema ansprach. Ihm droht nämlich so ein runder Geburtstag. Aber warum empfinden wir eine neue Ziffer an der Zehnerstelle, als wär's ein Eintritt in eine völlig neue Lebensphase, als würden wir Schlag Mitternacht einer anderen Generation angehören? Sind die runden Geburtstagsfeste womöglich ein Ersatz für Übergangsriten? Mein Vater hat mir an meinem dreißigsten Geburtstag zum Eintritt ins Greisenalter gratuliert. Meine Mutter war mit achtundzwanzig an einem Hirntumor gestorben, und ich hatte nie damit gerechnet, älter als sie zu werden, und war deshalb sehr überrascht, dass ich an meinem dreißigsten Geburtstag immer noch am Leben war. Zu runden Geburtstagen fallen mir inzwischen vor allem achtziger ein, wahrscheinlich, weil mir der selbst noch bevorsteht. Den siebziger habe ich ja halbwegs mit Anstand hinter mich gebracht. Als wir Vaters achtzigsten feierten, schien die Sonne, und Rosen und Jasmin blühten. In meiner Erinnerung ist es das

Familienfest, bei dem es keine einzige politische Diskussion gab. Vaters Blicke streichelten seine sieben Enkelkinder und seine vier Töchter, er lächelte den Schwiegersöhnen zu und sämtlichen Verwandten. „Meine gesammelten Werke", sagte er voller Stolz. Weder zuvor noch danach hatte ich ihn je so zufrieden erlebt. Er wirkte auf mich, als sei er mit seinem Leben vollkommen einverstanden. Meiner Schwiegermutter hatten wir gesagt, wir wollten sie an ihrem achtzigsten Geburtstag zum Essen ausführen, zusammen mit Schwager, Schwägerin und den Enkelkindern. Als sie das Restaurant betrat, waren dort alle ihre Freunde und Bekannten versammelt. Klein und zierlich stand sie da wie eine Achtjährige und konnte nicht fassen, dass so viele Menschen gekommen waren, um mit ihr zu feiern. Ich glaube, in dem Moment wurde ihr klar, dass sie tatsächlich in Österreich angekommen war. Dieses Jahr wird sie neunzig, und sagt schon seit Längerem, dass sie zu ihrem Geburtstag kein Fest haben möchte. Sie hört nicht mehr gut, ihr wird öfter schwindlig, und am liebsten sitzt sie zum Plaudern nur mit zwei, drei Menschen am Tisch, größere Gesellschaften sind anstrengend für sie. Dreißigmal jeweils zwei Leute einladen, wäre das die Lösung?

Die für mich berührendste Geschichte erzählte mir eine Dame, die ich erst vor Kurzem kennengelernt habe. Ihr Vater war vor zwei Jahren achtzig geworden. Er hatte sich lange gegen eine Geburtstagsfeier gewehrt, sich schließlich aber doch sehr gefreut, dass sich nicht nur seine über die halbe Welt verstreute Familie versammelt hatte, sondern dass es vielen Menschen aus verschiedenen Perioden seines Lebens offenbar ein Bedürfnis war, ihm zu gratulieren und so zu zeigen, wie wichtig er für sie gewesen war. Ein Chor, an dessen Gründung er Jahrzehnte zuvor beteiligt gewesen war, sang ihm ein Ständchen, er konnte sogar lächelnd die Ansprachen genießen, die frei waren von peinlicher Beweihräucherung. Seine Dankesrede war kurz und herzlich, danach plauderte er angeregt mit den Gästen – bis er auf einmal unvermittelt zu seiner Tochter sagte: „Jetzt schwindet mir die Kraft." Im nächsten Augenblick sackte er tot zusammen. Wenige Minuten vorher hatte sie ihn noch fotografiert, wie er sie anstrahlte und lachte. „Dieses Bild", schloss sie, „setzten wir auf den Sterbezettel." Eigentlich, denke ich, ist die Geschichte dieser Dame mein besonderer Wunsch zu jedem runden Geburtstag, auch wenn sie sich nicht gut ausmacht zwischen Blumensträußen, Sektflaschen und Bonbonnieren. Gehen dürfen, wenn sich alles gerade so schön rundet, das wünschen wir doch uns und denen, die wir lieben. Jetzt aber werde ich mit meinem Mann unseren ersten Urlaubstag feiern gehen. Der Duft von frischem Kaffee weht schon seit einigen Minuten aus der Küche herüber in mein Arbeitszimmer, und manche von Großmutters Sprüchen sind auch heute noch zu beherzigen: Man soll die Feste feiern, wie sie fallen!

RENATE WELSH

Und nun lasst uns tief Atem holen und in die Tiefen der Metaphysik hinabtauchen. Ich denke da an einen der ältesten und beliebtesten Träume der Menschheit, dessen Auswertung schon manchen Schriftsteller in die höchste Einkommensteuer versetzt hat – an den Traum, unsichtbar zu sein. Für mich persönlich ist das allerdings kein Traum, sondern ein Albtraum, der etwa zweimal in der Woche zur Wirklichkeit wird. Und immer dann, wenn ich hungrig bin.

Der Kampf um den Blick des Kellners

Ich habe einen beträchtlichen Teil meines rund fünfzigjährigen Lebens zu gründlichen Nachforschungen verwendet, deren Ergebnis nunmehr mit wissenschaftlich fundierter Sicherheit feststeht: Die israelischen Kellner sehen mich nicht. Solange sich's nur um den

Hauptgang handelt, komme ich bei ihnen noch einigermaßen an. Aber bis zum Wunsch nach einer Vor- und Nachspeise, einer Suppe, einer Beilage oder einer anderen Ergänzung meiner Mahlzeit darf ich mich nicht versteigen. Da hasten sie mit hochbeladenen Servierbrettern an mir vorbei und würdigen mich keines Blickes. Der israelische Kellner scheint mit Röntgenaugen ausgestattet zu sein. Er sieht durch mich hindurch, als wäre ich transparent. Es ist ein Musterfall der allgemein grassierenden Kommunikationskrise. Wenn ich in einem israelischen Restaurant sitze, fühle ich mich wie der berühmte „Unsichtbare Mann" , den der Filmschauspieler Claude Rains seinerzeit so überzeugend dargestellt hat.

Manchmal zwicke ich mich, um Gewissheit zu erlangen. Ich zwicke mich, ergo bin ich. Aber das heißt noch lange nicht, dass ich ergo auch mein Kompott bekomme. Kompott bekommt nur, wer den Blick des Kellners erhascht. Kein Kellnerblick – kein Kompott. So ist das Leben. Wäre ich ein Indianerhäuptling, ich hieße wahrscheinlich „Kleiner Vogel den kein Kellner sieht".

Andererseits könnte ich mir vorstellen, dass die indianischen Kellner mich sehen würden. Es sind die israelischen, die mich nicht sehen. Soll ich mich damit trösten, dass ich in meinem Dilemma nicht allein bin? Die Gaststätten des Gelobten Landes bersten von Möchtegernessern, die sich erfolglos bemühen, von einem Kellner gesehen zu werden. Einige hissen die Fahne der Rebellion in Form einer Papierserviette, die sie wild über ihrem Kopf hin und her schwenken, um auf diese Weise visuellen Kontakt mit dem Personal herzustellen. Oder sie schreien. Oder sie dreschen ihre Fäuste auf den Tisch. Aber was immer sie tun – kein Kellner sieht sie. Ich habe von einem verzweifelten Restaurantbesucher in Jaffa gehört, der zwecks Verdeutlichung seines Hungers eine blaurote Rakete abbrannte. Es gab auch schon Versuche mit Lassos. Und In einem unserer vornehmsten Schlemmerlokale saß einmal ein Gast zwanzig Minuten lang mit einer Blinklampe auf dem Kopf in der Hoffnung, durch ständiges Blink-blink-blink die Aufmerksamkeit eines Kellners zu erregen. Er hoffte vergebens. Nach Ansicht erfahrener Zeitgenossen gibt es nur einen einzigen sicheren Weg zur Herbeilockung eines Kellners: indem man aufsteht und das Lokal verlässt, ohne zu zahlen. Die Anhänger dieser These sind im Irrtum. Der israelische Kellner legt nicht den geringsten Wert auf ihr schäbiges Geld. Was er will, ist Macht, die nackte, selbstherrliche Macht, nur den zu nähren, der ihm passt. Außerdem ist schon manch ein Hungriger, der sich unter wüstem Schimpfen entfernt hatte, bald darauf reuig zurückgekehrt und hat sich wieder hingesetzt, zur nächsten Runde im Kampf um den Blick des Kellners. Auch Gewaltakte helfen nicht. Man kennt den Fall eines Gastes, durch den die Kellner so lange hindurchsahen, bis er sich für Glas hielt und gewissermaßen zu Prüfungszwecken ein Glas ergriff, das er an die Wand schleuderte, und dann noch eines, noch eines und noch eines. Das Urteil lautete auf zwei Stunden, die er zwischen den Glasscherben absitzen musste, und niemand kümmerte sich um ihn. Aber es sind auch schon Gäste verhungert, die ohne Glasscherben dasaßen. Vor der Illusion, durch ein generöses Trinkgeld ans Ziel zu gelangen, muss eindringlich gewarnt werden. Der israelische Kellner ist nicht käuflich. Vor einigen Wochen, in einem kleinen, nur halb gefüllten Lokal mit weiblicher Bedienung, verlor ich die Kontrolle über mich, packte die ältliche Kellnerin an den Schultern und schüttelte sie: „Warum tun Sie so, als ob ich nicht vorhanden wäre? Nur weil ich ein Gast bin? Bin ich deshalb kein Mensch? Warum sehen Sie mich nicht?" Die Kellnerin richtete sich auf, strich ihr graues Haar zurecht, sah mich ruhig an und sagte: „Ich stehe seit sieben Uhr früh auf den Beinen, mein Herr."

Damit verschwand sie in Richtung Küche. Ich habe sie nicht mehr gesehen, besser gesagt: Sie hat mich nicht mehr gesehen. Auf dem Heimweg verfiel ich in tiefe Nachdenklichkeit. Das ist es, sagte ich mir. Das ist der Grund für das defekte Verhalten der israelischen Kellner. Wenn die grauhaarige Hexe ihren Dienst ein wenig später angetreten hätte, sagen wir: um neun statt um sieben, hätte sie vielleicht die Umrisse meiner Gestalt ausmachen können. Und bei einem Arbeitsbeginn um die Mittagszeit wären sogar meine Gesichtszüge bis zu ihrer Netzhaut gelangt, wenn auch undeutlich. Wer weiß, am Ende hätte sie im Vorübereilen ein hastiges „Ich komme sofort" für mich fallen lassen. Natürlich wäre sie nie gekommen. Aber ich hätte mir wenigstens sagen dürfen, dass ich gesehen wurde. Ich gebe die Hoffnung nicht auf. Eines Tages werde ich meinen Lebenserinnerungen eine kurze Notiz anfügen: „Heute habe ich den Blick eines Kellners erhascht. Ich bin im Himmel." Und dann sterbe ich, mit einem triumphierenden Lächeln auf den Lippen.

EPHRAIM KISHON

herrgott bin ich froh

herrgott bin ich froh ich habe geburtstag
der tag hat mich wie ein aufruhr geweckt

hört ihr die dampfer tuten die kapitäne
tragen sonnenrosetten und lackschuhe

bringt einen sessel für die freiheit her
und eine girlande für meine schönen augen

die schatten sind kurz wie geschnittenes
gras die möwe kreischt nicht sie pfeift

die tücher und scheren pfeifen lieder
beim fahnenschneider geht es laut her

straßen werden gefegt der fluß geputzt
windlichter bereiten sie für den abend

nähmaschinen reden in hehren slogans
über die vergangenheit des vaterlandes

von allen dachfirsten kollern abzeichen
alt und jung sammelt sie der tag blaut

neue briefmarken werden geküsst geklebt
und verabschiedet fahrt wohl fahrt wohl

hört ihr die dampfer tuten die brücke steckt
ihre fischumronnenen pfeiler ins ahornwasser

des königs luftflotte donnert guten tag
der tag blaut über den schornsteinen auf

jeder der sein abzeichen gefunden hat
ist glücklich wie eine sehr neue kirche

alle dampfer fahren mit weißen briefen
in die weite welt das meer ist auch blau

der tag hat mich wie ein aufruhr geweckt
herrgott bin ich froh ich habe geburtstag

H. C. ARTMANN

*H*umor ist mehr
als die Sahne im Kaffee –

*g*ewünschte Lebenskünste
für das neue Jahr

Die Zeit

Es gibt ein sehr probates Mittel,
die Zeit zu halten am Schlawittel:
Man nimmt die Taschenuhr zur Hand
und folgt dem Zeiger unverwandt.

Sie geht so langsam dann, so brav
als wie ein wohlgezogen Schaf,
setzt Fuß vor Fuß so voll Manier
als wie ein Fräulein von Saint-Cyr.

Jedoch verträumst du dich ein Weilchen,
so rückt das züchtigliche Veilchen
mit Beinen wie der Vogel Strauß
und heimlich wie ein Puma aus.

Und wieder siehst du auf sie nieder;
ha, Elende! – Doch was ist das?
Unschuldig lächelnd macht sie
wieder die zierlichsten Sekunden-Pas.

CHRISTIAN MORGENSTERN

Nur einmal

Wir sollten stets eingedenk sein,
dass der heutige Tag nur einmal kommt
und nimmer wieder.
Aber wir wähnen, er komme wieder;
morgen ist jedoch ein anderer Tag,
der auch nur einmal kommt.

ARTHUR SCHOPENHAUER

Glückspilz

Geboren ward er ohne Wehen
bei Leuten, die mit Geld versehen.
Er schwänzt die Schule, lernt nicht viel,
hat Glück bei Weibern und im Spiel,
nimmt eine Frau sich, eine schöne,
erzeugt mit ihr zwei kluge Söhne,
hat Appetit, kriegt einen Bauch,
und einen Orden kriegt er auch
und stirbt, nachdem er aufgespeichert
ein paar Milliönchen, hochbetagt;
obgleich ein jeder weiß und sagt:
„Er war mit Dummerjan geräuchert!"

Wenn andre klüger sind als wir,
das macht uns selten nur Pläsier,
doch die Gewissheit, dass sie dümmer,
erfreut fast immer.

WILHELM BUSCH

Hubert Lippenblüter
und der Hausputz

(Der nachfolgende Text entstand im Jahr 1987)

Sie, ich sage Ihnen, ich bin ja fix und fertig, hab nämlich wieder meinen halbjährlichen Hausputz hinter mir. Natürlich nicht nur so, et steckte schon ein ernster Anlass hinter, nämlich mein Geburtstag wieder mal, ist übrigens jedes Jahr, stellt einen aber jedes Jahr vor neue Probleme, weil, meine Geburtstage haben schon von Kinderschuhe an den Ruf, zu den originellsten im Lande zu gehören. Da können Sie jeden fragen, man wird Ihnen sagen, der Hubert Lippenblüter, der lässt sich immer was einfallen. Nun hat man ja heutzutage andere Probleme bei der Ausrichtung einer solchen Veranstaltung wie als Kind, obwohl es erstaunlich ist, wie erwachsene berufstätige Menschen plötzlich sehr albern werden können. Ich weiß noch letztes Jahr, wie Husemanns Willi beinahe einen Streit angefangen hat, nur weil ich nicht Topfschlagen spielen lassen wollte, oder dieses blöde Apfelsinenspiel, das kennen Sie doch, da wird also getanzt, und die Dame hat eine Orange zwischen Kinn und Hals geklemmt, und der Herr muss dann so von schräg an se ran und die Appelsine zwischen seine entsprechenden Partien klemmen. Ich mein, dat sieht schon zum Brüllen aus, ich weiß auch gar nicht mehr, warum wir das nich gespielt haben, wahrscheinlich hab ich mich wieder über Willi geärgert, weil er sich wie üblich an Fräulein Liesenkörter rangemacht hat, wo ich doch so ein Auge drauf geworfen habe, obwohl se immer über die Männer lästert, speziell die Junggesellen. Jedenfalls haben wir uns gütlich geeinigt und ham dann, wie jedes Jahr, Mensch ärgere dich nich mit Groschen drunter gespielt, das kennen Sie ja, oder nich? Na, Sie müssen jedesmal, wenn Sie ein Männeken raussetzen, einen Groschen unter den tun und wenn Sie einen rausschmeißen, dann dürfen Sie die Groschen, die unter dem waren, auch unter Ihren tun und so kann et dann gehen, dat Sie mit fünf Mark unterm Hintern rumrennen, und alle hinter Ihnen her und nur scharf auf Ihr Geld sind, wie im Leben. Und wenn Sie dann Ihr Häuschen erreichen, dann gehört der Reichtum Ihnen, dat ist also auch ein Spiel, wo Männerfreundschaften, Ehen und Verwandtschaften dran zerbrechen können. Man muss ja auch bedenken, dat der Alkohol, der bei meinen Festen ja auch immer in Strömen fließt, ja mit der Zeit dann auch sein Senf dazugibt. Dieset Jahr war nun insofern etwas Besonderes, weil die Männer inne Minderzahl waren. Ich hatte nämlich eingeladen; Fräulein Liesenkötter, Husemanns Willi, der dat Sportgeschäft hat, Ziska Bokelmeier ausse Stadtbücherei, Dr. Fährmann, Egon, unsern Stammwirt aussen Kühlen Grund, Lilli Weidenkamp, die seit fünf Jahren Witwe ist, dat aber nich bleiben will, eine sehr gefährliche Person. Dann hatte ich wie jedes Jahr unser

Mutter eingeladen, und wie jedes Jahr sagte se, ach Hubert, bleibt ihr ma unter euch junge Leute, dann Elsbeth Biersling mit Tochter, die se unbedingt mit Husemanns Willi verkuppeln will, der hat mir vor drei Jahren schon erzählt, Hubert, wenn die kommen, komm ich nich, seitdem versprech ich ihm immer vorher, die kämen nicht, aber ich bitt Sie, dat Schauspiel ist für mich dat schönste Geburtstagsgeschenk. Und dann eben noch Elisabeth Fieken, meine Nachbarin, diese geschiedene Lebedame, die doch so ein Auge auf mich hat, nu will ich gar nicht. Aber Husemanns Willi ist scharf wie ein Rettich auf se. Nun können sich vorstellen, wat et für einen Gastgeber, selbst einen von Format, für eine Aufgabe ist, so eine Mischung in die richtigen Bahnen zu lenken. Man muss nämlich noch wissen, unser Doktor, wenn der voll ist, erzählt der die schlimmsten Ärztewitze, Elsbeth Biersling hat schon zweimal einen Weinkrampf gekriegt, Egon wird immer melancholisch, und Husemanns Willi wird immer so direkt, da muss ich Fräulein Liesenkötter vor ihm schützen, also furchtbar, ich bin immer froh, wenn dat vorbei ist. Ja, und wie ich nun die ganze Einkauferei geschafft hatte, alles samstags vormittags, kam nun der Hausputz, weil, wie gesagt, wenn so viele Weiber auf ein Haufen bei einem Junggesellen inne Bude sind, wird erst mal geguckt, ob et nich vielleicht wat zu lachen gibt. So Frauen entwickeln ja dann ein Talent wie ein alter Stabsunteroffizier beim Stubendurchgang. Dann gucken se mit'n Zeigefinger auf de Bilderrahmen, auch die über Augenhöhe, wat ich sehr fies finde, und Fußbodenleisten, Fensterbrett, überall. Und weil ich ja nun wusste, dat et diesmal besonders schlimm wird, hab ich dat einfach unser Mutter erzählt, nächsten Tag stand se auffe Matte und hat sage und schreibe sechs Stunden gewirbelt, ich könnt dat nicht, aber dat is eben Mutterliebe. In diesem Sinne.

JÜRGEN VON DER LIPPE

Alles kommt noch!

Denn das Leben
hat sein Letztes nie gegeben.
Nie! Man darf sich nur nicht weigern,
und es wird sich immer steigern.
Dieses Warten dir bewahre,
Reichtum ist's aus Kindertagen.
Über viele, viele Jahre
wird's dich sanft hinübertragen.
Wie viel Tage auch vergangen –
denk: Es hat erst angefangen.

FELIX SALTEN

Freundschaft

Das Älterwerden stellt Freundschaften vor ganz neue Probleme. Hauptsächlich vor das Problem der Problemlosigkeit. Das ist für die Freundschaft lebensgefährlich.

Junge Freunde sagen einander:

Tu das. Warum nicht das? Ich an deiner Stelle würde.

Was man miteinander bespricht, hat Perspektive. Was wird aus dir? Aus mir? Aus uns?

Auch die folgenden Phasen wechselseitigen Lobens, des Eintretens gegenüber Dritten, öffentlicher Formulierung von Anerkennung bescheren Lebensqualität. Zumal man sich als Freund immer selbst mit erhöht.

Auf einmal ist der Dialog in der Zeitverschiebung angekommen. Warum hast du? Du hättest sollen. Ich habe damals gesagt.

Die Sachen sind gelaufen. Die Ergebnisse end-
gültig. Die Spurensuche macht gereizt.
Wer jetzt die Freundschaft nicht riskieren will,
muss rasch in den Keller, den besten Wein
holen und während des Entkorkens einen zu-
sammenfassenden Satz sagen wie: Es war alles
Scheiße. Aber ich kenne weit und breit nichts
Besseres.

WERNER SCHNEYDER

Leichter Sinn

Und wie wär' es nicht zu tragen,
dieses Leben in der Welt?
Täglich wechseln Lust und Plagen,
was betrübt und was gefällt.
Schlägt die Zeit dir manche Wunde,
manche Freude bringt ihr Lauf;
aber eine sel'ge Stunde
wiegt ein Jahr von Schmerzen auf.

Wisse nur das Glück zu fassen,
wenn es lächelnd dir sich beut!
In der Brust und auf den Gassen
such es morgen, such es heut.
Doch bedrängt in deinem Kreise
dich ein flüchtig Missgeschick,
lächle leise, hoffe weise
auf den nächsten Augenblick.

Nur kein müßig Schmerzbehagen!
Nur kein weichlich Selbstverzeihn!
Kommen Grillen, dich zu plagen,
wiege sie mit Liedern ein.
Froh und ernst, doch immer heiter
leite dich die Poesie,
und die Welle trägt dich weiter,
und du weißt es selbst nicht, wie.

EMANUEL GEIBEL

Zeitrechnung

Mit Weltgeschichte sind wir reichlich
versorgt und darum gar nicht weichlich.
Wir durften, wenn auch unter Beben,
schon manche *große* Zeit erleben.
Doch unsre Daten, ganz persönlich,
die richten trotzdem wir gewöhnlich
nach *kleinen* Zeiten, nach wie vor:
Damals, als Hans den Fuß erfror,
als unser Bruder, Vater, Gatte
die schwere Halsentzündung hatte,
als – unvergesslich bleibt der Tag! –
der Fritz auf Tod und Leben lag;
wir werden sagen: in dem Jahr,
in dem Marie den Max gebar,
der Franz die Masern sich erworben,
der Onkel Florian gestorben,
die Olga operiert ward – kurz,
nicht Weltkrieg und Regierungssturz,

nicht Wirtschafts- und nicht Währungskrisen
sind als kalenderfest erwiesen.
Auch künftig rechnen wir die Jahre
nur von der Wiege bis zur Bahre.

EUGEN ROTH

Inhaltsverzeichnis

QUELLENVERZEICHNIS

Texte

H. C. Artmann, herrgott, bin ich froh © 2003 Jung und Jung Verlag, Salzburg und Wien.

Josef Guggenmos, So ein Tag, aus: Josef Guggenmos, Oh, Verzeihung, sagte die Ameise © 1990 Beltz & Gelberg in der Verlagsgruppe Beltz · Weinheim Basel.

Erich Kästner, An die Gratulanten, aus: Gesammelte Schriften © Atrium Verlag Zürich, 1969 und Thomas Kästner.

Ephraim Kishon, Der Kampf um den Blick des Kellners, aus: Ephraim Kishon, Mein Freund Jossele © 1977 by LangenMüller in der F.A. Herbig Verlagsbuchhandlung GmbH, München.

Eugen Roth, „Zeitrechnung", „Die Torte" © Dr. Thomas Roth, München.

Werner Schneyder, „Freundschaft" und „Angenehme Gäste", aus: Werner Schneyder, Ende der Sommerpause: Satiren – Strophen – Selbstgespräche © 1988 Kindler Verlag GmbH, München.

Jürgen von der Lippe, Hubert Lippenblüter und der Hausputz, aus: Jürgen von der Lippe, In diesem Sinne, Ihr Hubert Lippenblüter, 1987 Rowohlt Taschenbuchverlag, Reinbeck © Jürgen von der Lippe.

Inken Weiand, Der Geburtstagsengel, aus: Inken Weiand, Der Geburtstagsengel, Zwölf Geschichten zum Geburtstag, SCM Collection Johannis © Alle Rechte bei der Autorin.

Renate Welsh, Trotzdem feiern, aus: Warum man nie runde Geburtstage feiern sollte. Herausgegeben von Silvia Schmid © 2011 dtv Verlagsgesellschaft mbH & Co. KG, München.

Bilder

Cover: © Andrei Sikorskii/Shutterstock.com
Innenteil: © wegener17/Fotolia.de

Wir danken allen Rechteinhabern für die freundliche Erteilung der Abdruckgenehmigung. Der Verlag hat sich bemüht, alle Rechteinhaber in Erfahrung zu bringen. Für zusätzliche Hinweise sind wir dankbar.